LEÇONS CATHOLIQUES

DU BON PASTEUR,

SUR

LA LECTURE ÉLÉMENTAIRE

ET LA LECTURE COURANTE.

LEÇONS CATHOLIQUES

DU

BON PASTEUR,

SUR

LA LECTURE ÉLÉMENTAIRE

ET LA LECTURE COURANTE.

Laissez venir à moi les petits enfants.
(Paroles de Notre Seigneur J.-C.)

Ouvrage destiné aux salles d'asile et aux écoles primaires des deux sexes.

PAR M. BEL,

ANCIEN CENSEUR DES ÉTUDES.

Les *Principes de lecture* sont reproduits sur dix tableaux in-folio, propres à être placés dans chaque école pour l'enseignement mutuel a simultané. Le dixième tableau contient une série de questions ir les règles et les principes de la lecture.

Quatrième Édition

Prix : 25 cent.

CLERMONT,

ESCOT-BERTHIER, LIBRAIRE.

1851.

AUX INSTITUTEURS.

Cette quatrième édition a reçu des modifications que les Instituteurs sauront apprécier sans qu'il soit besoin de leur en donner ici l'explication en détail. Toutefois, nous appelons leur attention sur le *Questionnaire* renfermé dans le 10e Tableau. Il est de la plus haute importance que chaque leçon soit suivie de questions au moyen desquelles le maître s'assurera que les élèves n'ont pas étudié machinalement. La lecture est un art qui a ses règles ; il faut les enseigner graduellement aux enfants et ne jamais passer à la leçon suivante sans que les leçons déjà étudiées ne soient parfaitement sues. C'est en allant ainsi du connu à l'inconnu qu'on assure le véritable progrès. Cette marche rationnelle, tout en développant, petit à petit, l'intelligence et le jugement de l'enfant, l'accoutume à étudier avec plus de goût et de succès; elle devra

aussi nécessairement exercer en lui la pl[us]
salutaire influence au point de vue de l'éd[u]
cation.

L'expérience a démontré que l'enseign[e]
ment simultané de l'écriture et de la lectu[re]
était aussi avantageux pour les progrès d[es]
élèves que pour la discipline et la bon[ne]
tenue des écoles. N'est-ce pas, en effet, [le]
moyen de tenir tous les enfants constamme[nt]
occupés dans la classe et de les soustrai[re]
par conséquent aux habitudes d'oisiveté [et]
de dissipation qui sont un si grand obstac[le]
à leurs progrès ? Nous allons donc indiqu[er]
comment nous croyons qu'on peut fai[re]
marcher de front l'un et l'autre enseign[e]
ment.

Différents exercices à faire pour cha[?]que leçon.

LECTURE DES LETTRES ET DES SYLLABES.

Premier exercice. — Le maître ou le m[o]
niteur, au moyen d'une petite baguett[e,]
montre et prononce une lettre (voyelle [ou]
consonne) ou une syllabe. Tous les élèv[es]

répètent à demi-voix le son, l'articulation ou la syllabe.

Deuxième exercice. — Le maître ou le moniteur montre, sans la prononcer, une des lettres ou des syllabes étudiées dans le premier exercice. L'élève désigné prononce ce qui lui est montré.

Troisième exercice. — Le maître ou le moniteur, ne suivant plus aucun ordre sur le tableau, montre un des éléments étudiés. L'élève désigné le prononce.

Quatrième exercice. — Questions sur toute la leçon.

Cinquième exercice. — Écriture (1). Le maître ou le moniteur écrira au tableau noir les voyelles, les consonnes et quelques-unes des syllabes étudiées dans la leçon, puis appelant successivement chaque élève de la division, il dira, par exemple : Ecrivez *a, u.... b, r, s , ber, ba, ab bru,* etc.

---

(1) Comme nous l'avons dit de la lecture, l'écriture est aussi un art qui a ses règles et ses principes. Ces règles et ces principes doivent être expliqués au tableau noir par le maître, qui aura soin également de donner aux élèves des modèles manuscrits ou lithographiés pour la leçon d'écriture dans les bancs.

Nous recommandons la méthode d'écriture de *Verdet.*

LECTURE DES MOTS.

Premier exercice. — Le maître ou le moniteur prononce un mot indiqué, d'abord couramment, puis, en séparant les syllabes.
Chaque élève prononce ce même mot en le
syllabant.

Deuxième exercice. — Le maître ou le moniteur montre un mot à chaque élève qui le
lit en syllabant.

Troisième exercice. — Le maître montre
un des mots étudiés; l'élève désigné le prononce couramment, en faisant entendre
bien distinctement chaque syllabe.

Quatrième exercice. — Le maître prononce
un des mots étudiés, sans le montrer; le
premier élève l'épelle en indiquant les lettres et les éléments de chaque syllabe.

Cinquième exercice. — Questions sur la
leçon.

Sixième exercice. — Écriture. — Le maître
ou le moniteur dicte, aux bancs, tous les
mots qui ont été étudiés et épelés dans les
exercices précédents.

LECTURE COURANTE.

Premier exercice. — Le maître lit une phrase, d'abord couramment, puis en séparant les syllabes. Le premier élève lit le premier mot en syllabant, le deuxième élève, le deuxième mot, et ainsi de suite jusqu'à la fin de la phrase. On passe ensuite à une autre phrase qu'on lit de la même manière.

Deuxième exercice. — Le maître lit d'abord en syllabant la première phrase; chaque élève la répète en syllabant. On passe ensuite à la seconde phrase, ainsi de suite, jusqu'à la fin de la leçon.

Troisième exercice. — Le maître lit couramment les deux ou trois phrases lues dans les exercices précédents, en faisant les liaisons d'usage et marquant les repos. Chaque élève répète la leçon de la même manière.

Quatrième exercice. — Questions.

Cinquième exercice. — Écriture. — Dictée, dans les bancs, des phrases étudiées et épelées.

LECTURE POUR LES ÉLÈVES LES PLUS AVANCÉ₃

Premier exercice. — Le maître lit d'abon
couramment un paragraphe en appliquan
bien les règles de la lecture accentuée ; cha
que élève répète la leçon en l'imitant.

Deuxième exercice. — Le maître fait épe
ler par les élèves un ou plusieurs para
graphes.

Troisième exercice. — Le maître demand
l'explication des mots, leur signification, e
la donne lui-même si aucun élève ne peu
répondre convenablement. Il interroge auss
les élèves sur les règles de la lecture, don
il a trouvé l'application dans la leçon. I
doit aussi ajouter des réflexions morales su
le sens du texte.

Quatrième exercice. — Écriture. — Dicté
des paragraphes étudiés et épelés.

✝ A B C D
E F G H I
J K L M N
O P Q R S
T U V X Y
Z Æ Œ.

✝ a b c d
e f g h i j k
l m n o p q
r s t u v x y
z æ œ ç ff ffi
ffi ff w.

LEÇONS CATHOLIQUES
DU BON PASTEUR,

SUR

LA LECTURE ÉLÉMENTAIRE

ET LA LECTURE COURANTE [1].

REMARQUE IMPORTANTE. — Il est utile que les enfants commencent à écrire en même temps qu'ils apprennent à lire; l'enseignement simultané de l'écriture et de la lecture est aussi avantageux pour la discipline dans l'école que pour les progrès des élèves.

PREMIÈRE LEÇON.

Voyelles ou lettres qu'on peut prononcer seules.

Prononcez-les comme dans les mots pri*a*, voil*à*, *â*ne, pri*e*, cigu*ë*, pri*è*re, m*ê*me, am*i*, g*î*te, myst*è*re, d*o*do, ap*ô*tre, vert*u*, fl*û*te, lu*t*h.

Voici les voyelles simples dans leur ordre naturel :

a,　　e,　　i,　　o,　　u.

a, à, â; e, é, è, ê, ë; i, î, ï, y; o, ô; u, û.

Faites bien remarquer la forme et le nom des divers accents, ainsi que les modifications qu'ils

[1] Chaque élève doit être pourvu du petit livre des *Leçons Catholiques* sur la lecture, afin de les préparer et de les repasser chez lui.

apportent à la prononciation de la lettre sur l
quelle ils sont placés.

Il est bon, pour bien fixer l'attention des en
fants, de faire distinguer les cinq voyelles
rondes, en *droites*, et en *sœurs*.

Rondes, *a*, *e*, *o*.
Droites, *i*, *y*, *u*.
Sœurs par la ressemblance, *e*, *é*, *è*, *ê*
Sœurs par le nom, *i*, *y*.

EXERCICES.

a   à   â   é   e   è   ê   ÿ   o

i   u   è   i   o   î   â   u   ae

ù   à   e   é   ë   ê   a   y   o

e   ò   â   o   é   y   u   i   ü

a   e   ê   é   a   i   ë   o

*Consonnes ou lettres qui n'ont de son qu'en
se combinant avec les voyelles.*

Voici les consonnes simples dans leur ordr
naturel :

b, c, d, f, g, h, j, k, l, m, n, p, q, r, s, t, v, x, z

La prononciation et la valeur de ces lettr
sont données par la première syllabe des mo
suivants :

Benoît, *cela*, *demain*, *fenêtre*, *genet*, *homm*
jeter, *kevel*, *lequel*, *mener*, *neveu*, *peler*, *que*
nouille, *renier*, *semer*, *tenir*, *venir*, *xe*, *ze*.

Faites remarquer que la lettre h est nulle devant et après une voyelle, comme dans ha, ah, hé et eh.

W se prononce v.

EXERCICES SUR LES CONSONNES ET LES VOYELLES.

f   j   l   r   m   n   s   c   t   v

x   g   n   m   j   d   l   r   g

x   f   j   p   v   p   s   t   x   w

z   f   l   k   m   n   d   s   j

a   â   h   q   é   ë   q   è   f   î

q   e   u   û   g   c   ô   i   w

k   â   à   u   h   ë   d   y   é   a

ô   u   ha   éh   hi   ho   oh   hé   hê

a   e   i   o   u   hy   g   q   hi.

Syllabes, c'est-à-dire assemblages de lettres figurant chacun un seul son.

Il faut épeler les lettres, puis les assembler pour faire des syllabes. Ainsi, on dit : *a—f af, i—f if, f—a fa, f—e fe.*

af   if   of   uf   al   il

ol   ul   ar   ir   or

ur   ax   ix   ox   ux   az

iz oz uz af of

ir ul or ar if

ur al ir ox ix

ul ol ax ix ul

fe fé fè fê fi

fo fu ja je jé

jo ju le la lé

lè lê li lo lu

mo mu ne ni no

nu ra re ré ri

ru sa se si so

su sy ta te ti

tu tha va ve vé

vi vo vu. xa xé

xi xo xu. za ze

zé zè zo zu. ly

xa al la il li

ir ri if fi az

oz zo. xa ax ti

ir ra ar or ro

ur. sy no ny me.

il va li re; rif

ri re, a mi; la

mè re te mè ne ra
là; nul n'a ri; l'a
ni mal a va le ra;
il va vi te, ma
mi. le vif a zur sur
l'or; il a fi ni
la zo ne; il a a-
va lé le thé; il
a re mis le jo li
luth; il se le va
ma ti nal; l'a lar me
i nu ti le; le
fat; fi ! l'or mat; vi. vat
mars! o ré mus; hé
las! las; fi nal; l'ar tis-
te va vi te sur
sa ly re; as ta roth;
nul n'a ri; sû re
té, Wil na Wi borg.

Il faut toujours répéter une leçon plusieurs fois et la bien savoir, avant de passer à la suivante, et quelquefois répéter toutes celles qui ont déjà été étudiées.

IIᵉ LEÇON.

Les deux consonnes **C** et **G** ont une prono
ciation rude à la fin des mots, ainsi que deva
A, **O**, **U**, et devant les autres consonne
comme dans les mots *roc*, *bog*, carmin, *corn*
crime, *gourmand*, *goutte*, *Christ*.

On verra plus tard les rares exceptions
cette règle.

Faites remarquer la forme et la fonction de
cédille (ç), qui donne à la lettre **C** la prononc
tion douce devant **A**, **O**, **U** : força, façon, per

La voyelle **U** ne se prononce pas après
consonnes g et q : *vague*, *barque*.

Syllabes et mots exemples :

ag	ga	ig	og	go
gu	ac	ca	oc	co
ic	uc	cu	oq	quo	c
que	gua	ga	gue	gui
guo,	go	go,	ço	ça,	p
pa,	da	da,	do	do,
bo	bo,	pâ	que,	pic,	ro
soc,	sac,	tic	tac,	tic-
toc.	ric	rac.	re	gar
le	coq	sur	le	roc.

ab hoc et ab hac. pif paf, qui va là? le car di nal de ve nu pa pe. mar di, sa— me di, le cap de la ho gue se mo que du sud. le coq va zig— zag. il a ga ça le do gue. il cal qua sa car te, mar qua le nord, le sud; l'om ni— bus por te. l'ag nus— cas tus; il de vi na le ré bus; il di ra l'o— ré mus; mag ni fi— cat; la dot du fils; bis muth, luth, le sol, le bol, le col; pa pa; cal me; la bar que vo— gue ra sur le lac; la ga lè re; je ré pè te le rô le; je fê— te ma mè

re;	il	a	ri	hi!
ha	ah!	éh	hé!	oh
uh	hu!	ghi	o	lof,
kir	ghi	se.	ô	hal
là,	cal	me	fixe!	coq.

La lettre *h* est nulle pour la prononciat
devant et après une voyelle; *éh* et *hé* se p
noncent *é*.

IIIe LEÇON.

E, non dernière lettre de sa syllabe, se p
nonce *et* ou *è* très-bref, comme dans Cal*eb*, a

eb	ec	ed	ef	eg	el
er	ex	el	ec	er	ep
ed	eb	ef	ed	ep	eb
er	ef	eg	er	ec	erp
ect	est	el	ep	ect	es

Mots exemples.

O	reb,	bec,	a	vec,
mer	l'a	per	du,	quel
mal!	il	a	vu	l'é
nel,	pa	ter	nel,	tel,
quel,	ma	ter	nel,	fiel, mi

il	a	res	pec	té	
pè	re	a	vec	la	
mè	re;	il	a	vu	
mer	sur	sa	car	te;	
il	a	lu	a	vec	
bi	le	té.	car	il	
a	dé	jà	ter	mi—	
né;	il	a	pa	ru	fier;
je	quê	te	la	vé—	
té;	je	te	mè	ne	
là;	çà	i	ra	vi—	
e;	que	di	ra	le	pa—
pa?	fer,	cerf,	serf,	sec.	

IV° LEÇON.

G se prononce *j*, et *c* et *sc* se prononcent *s* devant *e*, *é*, *è*, *ê*, *i* et *y*, c'est-à-dire que ces deux lettres ont la prononciation douce devant toutes les espèces d'*e* et devant les deux *i y*.

ge	gé	gè	gê	gi	gy	ce
cé	cè	cê	ci	cy	sce	
scé	scè	scê	gi	ge	gea	geo
geu	cea	ceo	ce	ci	gy	
cé	gè	sci	scê	ceo	ço	co

ca ceo cea ga gea go
geo gui gi sca sco ga g

Mots exemples.

je ga ge ce ci a
ce la, je cè de à
la vé ri té, que le p
pa te di ra. La go-
gue nar de a la ba gu
La mè re a lo gé
i ci. Il a re çu
ga geu re. La scè ne
ré pè te le ca rac
re a vec for ce; il
lo gea pa pa. La pe
te ca ge lo ge co-
co, ja co; qui a lu ma
se ra ta qui né; que
di ra —t— il? il ga ge

Vᵉ LEÇON.

*Consonnes composées se prononçant comm
une seule.*

Ph se prononce tout d'un coup *f; ch, sh*

h se prononcent *che* devant une voyelle, et *gn*
prononce comme dans *rechigne.*

ph   ch   sh   gn   f   ph   sh
gn   f   ch   sch   ph   ch   gn
ph   sch   gn   f   ph   sch   f
sh   ph   gn   phe   ch   sch   ch
ph   ch   b   d   d   q   qu.

Syllabes et mots.

aph   ef   eph   if   fa   pha
fe   phe   phi   fi   oph   of
a   che   chi   cho   chu   chy   schi
gna   gne   gni   gno   gnu   gné
è. Char   le   ma   gne   ré   gna
ché   ri; il   a   pê   ché
per   le; il   sé   cha   sa
pê   che; il   a   cher   ché
ma   gna   ni   mi   té   a—
vec   la   di   gni   té;   char—
le   che val; le   shah   de
Per   se,   le   sha ko   du
la   gué; le   schis   ste, ro—
che   qui   se   lè   ve   par
me; la   sci   a   ti   que.

VI° LEÇON.

Voyelles composées ou représentées plusieurs lettres.

Prononcez *è*, sans épeler, les voyelles c
posées *ai*, *ei*, *eai*, *ais*, *ait* *aient* et *et*; prono
ê la voyelle *aî*; prononcez *ô* les voyelles *au*,
et les voyelles *ou*, *ow* et *eu*, *ew*, comme
boueux; *æ* et *œ* se prononcent *é*.

Faites faire aux enfants cette remarque
portante : lorsque deux voyelles simples
combinent ensemble pour former une vo
composée, si la *ronde* est placée devant la *dr*
toutes deux perdent leur son pour en forme
nouveau ; si la droite au contraire est deva
ronde , chacune d'elles conserve sa pronon
tion naturelle, et elles forment dans ce cas
diphthongue , comme on le verra dans la l
suivante.

ai	aî	ei	et	aî	eai
aî	ais	eai	est	eu	œ
au	eau	ou	éai	ou	aî
ei	è	aî	ê	au	ou
eou	œu	au	aî	et	est
ais	ait	aient	aient	ais	es
ow	ou	ow	eu	ew	au
œ	æ	ai	ou	œ	æ

Mots exemples.

Il va au châ teau; l'eau du seau; j'é tais ca- ché, cou cou; le mal heu- reux fait tou jours vœu, e le sais; l'ai le du geai m'a ré jou i; e pa lais or né de la cou leur de l'or; e hais le faux; il a fait pouf; la chaî ne a par tir; le ne veu de meu re i ci. Deux et deux, c'est qua tre.

Cha peau, mar teau, é- au, l'eau court par la cour; il a bu de l'eau à go go; il é tait et il est ca gneux, har gneux, fâ cheux, mo queur. New- Port, New- York. La rei ne a de la pei-

ne   à   gou   ver   ner;
il   a   je   té   le   p
let,   a   vec   le   bou-
let;   il   est   mal   heu   reu
fœ   tus   OE   di   pe

VIIe LEÇON.

Diphthongues ou doubles voyelles.

Prononcez *oi*, o-a ; *oy*, oa-i ; *ay*, è-i ; *oï*, o
aü, a-u ; *oü*, o-u, etc.

Faites remarquer la forme et la fonction
tréma (··) qui fait prononcer séparément de
voyelles qui ne formeraient qu'un son.

oi   oy   ai   ay   aï   oï
       oü   ia   ie   ié   iè   io
iu   iau   ieu   iai   ay   oy
       oï   ou   oü   au   aü   eu
uë   oy   oï   ai   aï   oï
       aü   oü   ou   eu   ou   au
              ia   iou   ieu   iai   oi

Mots exemples.

Le   jeu   dé   l'oie
       é   a   vec   deux
dés,   toi,   moi,   la   l

le   roi,   le   joy
au   est   beau;   j'ad   mi-
rais   le   pa   lais
roy   al;   j'ai   me   le
cœur   loy   al;   un
cœur   hé   roï   que   haï-
ra   le   mal;   le
coq   co   que   li   ne;
le   chat   miau   le;
la   pou   le   piau   le;
la   bou   che   du
che   val;   la   gueu   le
de   la   bê   te
qui   dé   chi   re;   la
ver   du   re   du
pays   é   gay   a   la
vue;   l'ha   bit   est
soy   eux;   j'é   tais   joy-
eux;   la   car   li-
ne   a   boy   ait   fort;
je   hais   Zoï   le
au   cœur   bas,   ja   loux.
ou   ais!   ouf!   pouf!

VIIIe LEÇON.

Deux ou trois consonnes inséparables placées de suite.

H entre *c* et une consonne est insonore nul. Epelez ainsi : *b-l* bl, *c-l* cl, *f-l* fl, *ch-le* ch

bl	cl	chl	fl	f	phl
pr	cr	chr	fr	phr	gr
chr	dr	br	tr	vr	ct
ps	squ	sc	st	str	spr
scr	cl	bl	fl	chr	fr	p
gr	vr	cr	pr	pl	sp
squ	pr	tr	gr	st	str
tch	dj	tj	skr	ps	str

Syllabes exemples.

Epelez ainsi : *bl-a* bla, *cl-a* cla.

bla	ble	bli	blo	bl
blé	blè	pli	brè
cro	gru	dru	tri	tr
vra	trè	gré	cri
bri	chro	fra	phrè	chl
spa	sta	ble	stri

cta squi xto blé cta pré. Phlo gi sti- qué; air bru meux; le maî tre naî tra; je hais le trai tre; bloc de mar bre; broc, froc, troc; Djo li ba, fleu ve; Djé- bel, cric crac, tric trac, bric à brac, de bric et de broc, frac; le lac Tsa na d'A fri que a vec le Tchad; le Christ nous a sau vés; la chro no lo gie é clai re l'his toi re; Dieu pro cla- ma sa loi sur le Si naï; il pa- raî tra a vec é clat près du ma gis trat, de qui il

re ce vra le
qu'il au ra ga
gné; l'â ne brait;
bœuf beu gle, ou
meu gle, la chè
bé le a vec
la bre bis, le
gro gne, le cerf
bra me, le loup
le, le re nard
gla pit; le mu
du cerf, la hu
re du bro chet;
est é prou vé;
il au ra la
ne clau de, qu'il
ai me beau coup; D
nous a fait naî
tre pour le co nn
tre, l'ai mer et
le ser vir de t
no tre cœur et
de tout no tre

prit; quel bo nheur
pour nous tous!

IXe LEÇON.

Prononcez *ail*, *aille*, *eil*, *eille*, *ouil*, *ouille*, *eil*, *euil*, *ueil euille*, comme dans *bail*, *paille*, *soleil*, *treille*, *fenouil*, *fouille*, *l'œil*, *cerfeuil*, *orgueil*, *feuille*, *fille*. Dans ces mots la lettre *l* est mouillée.

ail	aille	eil	eille	ill
ille	euil	œil	ouil	
ouille	euille	ail	ouil	œil
aille	ill	ille	eil	
ill	eille	euil	aille	ouil
ueil	ail	aille	euil	
œil	ouil	euille	ille	ill
ouil	ouille	aille	euille	
eil	œil	ail	aille	ille
eil	eille	ouil	euille	
ouil	ail	euil	ille	eille.

Syllabes et mots exemples.

Epelez ainsi : *b-ail* bail, *p-aille* paille, etc.

bail, paille, vaille que
vaille; le so

leil brille; l'œil ve
il est pa-
reil au so
la gro seille
est ver meille;
fille de fa
mille veille; le
feuil et le
fe nouil; la
nouille cri aille
et dé plaît
l'o reille; la
fleur du chè
feuille brille; baille
et bâille; il
ga gné la
ba taille; il
tra vaill é,
grill é par
so leil; la
fille de fa m
ba bille; la
pa trouille fouille

ca   naille;   l'or-
ueil   fi   nit   au
    cer   cueil;   le
e   cueil   four   mille
    de   fau   tes;
        ai   me   fort
    le   tra   vail,
ui.

Xᵉ LEÇON.

Voyelles nasales ou qui se prononcent du nez.

Ce sont : *an*, *am*, *en*, *em*, qui se prononcent comme dans *l'an*; *in*, *ain*, *ein*, *yn*, *im*, *ym*, *im*, *eim*, comme dans *pain*; *on* et *om*, comme dans *bonbon*; *oin*, comme dans *coin*; *un* et *m*, comme dans *chacun*; enfin *ien* et *éen*, comme dans *bien* et *Phocéen*. Prononcez ces voyelles sans épeler.

a   am   en   em   in   im
    yn   ym   ain   aim   ein
a   om   un   um   an   oin
    en   im   am   on   en
n   ein   on   um   im   on
    om   in   ien   éen   ym

un am an on in

en em an am ain

aim un éen ein ien

Mots et syllabes exemples.

Epelez ainsi : *c-an* can, *c-am* cam, *p-an*
pan, etc.

can can, pan pan,

tan, pin pan, é

tain, é taim, la

lan ce a pen-

ché; il a ven

sa ma man; mets

la main sur ton o

ton pain est au

jour d'hui le mien; l'

pe l'on de; il

craint la trom pe

l'é lé phant; je

ne sau rais pren

sans crain dre le

châ ti ment; je

ca che en un

coin. E dom é

it pè re de l'I-

du mé en; il

t loin de pren dre

soin; à la fin

sau ra très- bien;

mon pa pa le

com pen se ra

am ple ment; il

em ploy é le

thym pour cal mer

ré pu bli que

d'a beilles; la sym

ho nie fla tte l'o

reille; le syn dic

t char gé de ré-

gler la faill i-

; l'en fant a faim;

qu'il mange du pain;

ar bré du pin est

tou jours vert; le

om bill ard vient de

bille; le bou vreuil

chan te bien; l'hi r
del le ga zouille;
l'en fant bre douille;
prie Dieu s'a ge
nouille; l'an guille fré t
le feu pé tille;
la tor pille est
lec tri que; l'en-
fant tres saille de j
pri ons Dieu ma-
tin et soir, il
ten dra nos de-
man des; il est t
bon; bo bo; do
do; pa pa vien
i ci de main.

Ille vaut *ile* dans les mots :
A chille, co di c
di stille, gille, i
dylle, Lille, si bylle, tr
quille, vau de ville,
ville, il lus tre,
lé gal, il lu
mi né, mil, mille.

XIᵉ LEÇON.

E sonne comme *a* devant deux *mm*, deux *nn*
t devant *mn*, exemples :

Fem me, hen nir, solen nel, ar dem—
ment, é vi dem ment, pru dem ment,
n so lem ment, pré cé dem ment, in—
em ni té.

Alphabets de divers caractères.

A B C D E F G H I J K L M N
O P Q R S T U V X Y Z.

a b c d e f g h i j k l m n o p q r t
u v x y z.

b c d e f g h i j k l m n o p q r s
u v x y z.

a b c d e f g h i j k l m
n o p q r s t u v x y z.

A B C D E F G H I
J K L M N O P Q
R S T U V X Y Z.

1 2 3 4 5 6 7 8 9 0.

XIIe LEÇON.

On a dû remarquer que, lorsqu'une conso
simple se trouve, dans l'intérieur d'un n
placée entre deux voyelles, cette consonne
partient à la voyelle qui suit : *re-mè-de, dé-
té, dé-vo-ré*.

Deux consonnes placées entre deux voy
appartiennent ordinairement, la première
voyelle qui précède, et la seconde à la voj
qui suit; exemples :

L'É*ter nel* per *dit* les mor *tels*. Les
tres i *non dent* les cieux de la lu miè
oh! quels *nom breux* flam *beaux*! *in se*
qui n'y voit pas Dieu.

XIIIe LEÇON.

Une consonne doublée se prononce ordina
ment comme si elle était simple; ainsi *bb*,
cq, dd, ff, mm, nn, etc., se prononcent *b*,
f, m, n, etc.; exemples :

A bbé, ra bbin, sa bbat, a ccord, a
re, co mmo de, fra ppé. Dieu a do nné
tel li gen ce à l'ho mme; ce ter ri toi re
flo ri ssant, que cha cun y vien ne jo
du bo nheur.

XIVe LEÇON.

E devant *x* et devant deux consonnes
l'intérieur d'un mot vaut *è*; exemples :

Le mau vais *e* xem ple le per dra. L

cès en tout *est* un défaut. La mer *est* ter-
ri ble l'hiver. La perche *est* un poi sson
co mme au ssi le bro chet, la mer lu che,
l'é per lan, la lan gous te. Nerf, sec te, pes-
te, vert, ai mons la sa *ges* se.

XVe LEÇON.

Ai et *er,* finales d'un mot devant lequel on
peut mettre *je,* se prononcent *é;* exemples :

J'*ai,* j'*ai* me r*ai*, je vien dr*ai* man g*er;* il
faut al l*er* sou p*er;* l'é tran g*er* veut en tr*er*
dans le ver g*er;* on ne doit pas se ven g*er.*

Er se prononce *èr* dans :

Bel vé d*er,* ch*er,* h*ier,* Ju pi t*er,* lu ci f*er,*
m*er,* f*er,* Ni g*er,* ma gis t*er.*

XVIe LEÇON.

Ier, yer, iller, ger et *cher* finals se prononcent
ié, yé, illé, gé et *ché;* exemples :

Pre mier o ffi cier, der nier gre na dier,
pay er le co cher, pli er du pa pier, voy-
ons le so leil brill er, puis se brouill er ;
par do nner sans se ven ger. broy er du
mor tier, a ccueill ir l'é tran ger, ren voy-
er dans ses foy ers, gra ssey er.

Ez final se prononce *é;* exemples :

Cou per le nez, ha bi ter le rez-de-chaus-

sée; si vous m'ai mez, vous viendrez ç
moi; ne crai gnez pas, es pé rez bien; v
jouez le so nnez, vous ga gnez, vous ga g
rez tou jours.

Ez se prononce *èz* dans *Rodez, Suez*.

XVIIe LEÇON.

Ent, finale d'un mot devant lequel on y
mettre *ils*, se prononce *e*; exemples :

Les en fants vien nent gaie ment en ç
sse; ils com pren nent qu'ils doivent a ppr
dre tant qu'ils peu vent; ils étu dient
que veu lent leurs pa rents, qui les ai m
ten dre ment; c'est très-beau.

XVIIIe LEÇON.

Tient et *vient* finals se prononcent *tiin* et *v*
exemples :

Je tiens, tu viens, il re tient bien ce
con vient; il a ppar tient à nous de sa
fai re no tre bon pa sieur; le geô lier
tient et con tient les pri so nniers; ce b
a ppar tient à pa pa, n'est—ce pas ?

Ient se prononce *iant* dans les mots de
lesquels on ne peut mettre *il*; exemples :

Pa tient, orient, quo tient, e scient
bon e scient, science, con science ex
dient, émo llient, ef fi cient.

XIXᵉ LEÇON.

T vaut *s* dans les finales *atie*, *étie*, *itie*, *otie*, *tie*, *tial*, *tiel tieux*, *tion*; exemples :

Pro phé tie, pri ma tie, cal vi tie, Bé o-tie, impéritie, di plo ma tie, par tial, abba-tial, nup tial, pes ti len tiel, no tion, po-tion, por tion, Do mi tien, Bé o tien, mi-nu tieux, in sa tia ble, am bi tieux, Cro a tie, ner tie. fa cé tie, pé ri pé tie, su pré ma-tie, ca pé tien.

St et *xt* se prononcent toujours *ste* et *xte*; exemples :

Bas tion, mix tion, in di ges tion, com-bus tion, bestial, flibustier, nous res tions.

XXᵉ LEÇON.

X se prononce *gz* au commencement d'un d'un mot comme entre deux voyelles, dont la première est *e*; exemples :

Xa vier, Xer cès, Xi mé nès, exa men, e xil, ex i gu ë, ex o ti que, ex hu mer, ex-il.

XXIᵉ LEÇON.

S entre deux voyelles se prononce *z*, et *ss* se prononce toujours *ç*; exemples :

Ba se, ba sse, ro se, ro sse, poi son, poi-

sson, cousin, cou ssin, ba sin ba ssin, 1
se, bi sse, glo se, glo ssai re, pau se, pau s
ai sé ment, dé ci sif, pa res seux, no ble s
ble sse ra, ca se, ca sse.

S se prononce aussi *z* dans :

Al sa ce, bal sa mi ne, Is ra ël, tran
ction, tran si ger.

On excepte les mots :

Dé *sué* tu de, pa ra *sol*, pré *su* ppo s
vrai *sem* bla ble, po ly *sy* lla be, pré
an ce.

Es se prononce *ès* dans :

Les, des, mes, tes ces, ses, tu es, il est;
en fants sa vent bien les le çons, c'est trè
beau; au ssi les ré com pen se rai-je; n
a mis, lisez ces livres, et gar dez-vous d
gens vi ci eux.

XXIIe LEÇON.

Ne prononcez pas la dernière lettre de de
consonnes finales; exemples :

L'ar*t* profon*d* convien*t* très-souvent. L
hasar*ds* diver*s* fon*t* le*s* gran*ds* hommes. M
plaisir*s* son*t* bien vif*s*, les tiens le son*t* moi
L'esprit se per*d* souvent par la négligenc
respec*t*, aspec*t*, regar*d*.

XXIIIᵉ LEÇON.

LIAISONS.

La dernière consonne d'un mot se lie ordinairement à la voyelle suivante ; et si le mot finit par deux consonnes, on lie à la voyelle suivante celle des deux qu'exige la douceur de la prononciation ; exemples :

L'enfant aime le jeu et l'étude ; il ne doit aimer pourtant à jouer avec ses camarades, que quand son devoir est achevé. Venez avec elle, mon ami ; je suis pour toujours à vous. Un art agréable plaît à tout homme bien né ; s'il est aisé à apprendre, il n'y a pas de gloire à l'étudier. Vous aimez à lire des choses agréables.

E final s'élide ou se mange devant une autre voyelle ; exemples :

Il aime à lire avec agrément ; *prononcez,* i lai ma à li ra vè ca gré ment.

S et *x* finals se prononcent *z* devant une voyelle ; exemples :

Les hommes heureux aiment à aider les autres à supporter leurs maux ; *lisez* : lè zo me zeu reu zaime ta ai dè lè zau tre za su ppor té leur mau.

Souvent *d* final vaut *t*, et *f* vaut *v*, devant ι royelle; exemples:

Quand il arrivera à vingt-neuf ans, il s un grand homme; *lisez* : ,uan ti la ri ve à vinte neu van, il sera un gran tomme

G final vaut *q* devant une voyelle; exempl

Un sang âcre, un sang impur; *lizez* : san câcre, un san quimpur.

XXIVᵉ LEÇON.

H, non placé après *c*, *s* ou *p*, est toujours ni exemple :

Huile, homme, honneur, Elisabeth, lut rhéteur, théorie.

A est nul dans : *août, aoriste, curaçac Saône, Taon; e* est nul dans : *Caen*, ville (France.

O est nul dans : *faon, Laon, paon.*

XXVᵉ LEÇON.

H après *g* et *q* se prononce *u* dans :

Ambigu, contigu, aigu, aiguillon, aigui ser, aiguille, arguer, Guise, équestre, équi tation, équilatéral, quia, questeur, quin quagésime, Quintus, quinquennium, quié tude, arguë, ciguë.

U après *q* se prononce *ou* dans :

Aquatique, équateur, équation, Guadal-
quivir, Guadeloupe, lingual, loquacité,
quadragénaire, quadrature, quadragésime,
quadrupède, quaker, quaterne, quatuor,
quadrupler, quanquam, quinquagésime.

XXVIᵉ LEÇON.

Ch devant une voyelle se prononce *k* dans
les seuls mots :

Achas, Achab, Achéloüs, Achilléide,
Archange, Archangel, Archétype, Archonte,
Archiépiscopal, Chalastique, Chalecte, Chalcis, Chalcédoine, Chalcographe, Chaldéen,
Cham, Chanaan, Catéchumène, Chersonèse,
Chiragre, chirologie, chiromancie, chiste,
chœur, Choriste, chorége, chorus, chola-
gogue, cholédalgie, cholidoque, chondrille,
chorion, chorographe, chirographe, patriar-
cal, Eucharis, eucharistie, exarchat, cho-
roïde, choriambe.

Gn vaut *g-n* dans :

Agnat, cognat, diagnostique, igné, Progné,
inexpugnable, stagnant, Gnesne, Gnide,
gnome, gnomon.

XXVIIᵉ LEÇON.

B, c, d, f, g, l, m, p, q, r finals et précédés

d'une voyelle sonnent à la fin des mo
exemples :

Aminadab, Caleb, radoub, pic, roc, av
Cid, David, sud, Sund, nef, nerf, vif, Ag
Bog, zigzag, joug, Annibal, cheval, N
Abraham, Sélim, item, décorum, pensu
cap, Gap, coq, cinq, char, cher, enfer, fi
Lucifer, Triumvir, qu'on prononce *Trion
vir*, hem!

Les mêmes lettres ne sonnent pas dans
mots suivants :

1° Almanach, cognac, cotignac, estom
les lacs (lacets), tabac, marc (résidu), ala
bic, arsenic, cric, trafic, croc, broc, escr
porc, les échecs (jeu), sceau, scel, scéléra
sceller, scène, sceptique, sceptre, scier, scien
scille, scintiller, sciatique, Scipion, scissic
2° Bled (blé), muid, nid, nœud, pied (pi
il s'assied, laid, plaid, égard, regard, éte
dard, boulevard, brancard, différend (d
mêlé), épinard, renard, brouillard, vieilla
grand, tisserand.
3° Cerf-volant, clef (clé), œuf-frais, œu
dur, nerf de bœuf, bœuf gras, bœuf salé, l
bœufs, les œufs, les nerfs.
4° Doigt, legs (don), Magdelène, étan
hareng, rang, sang, orang-outang, Re
gnard (poète), signet et vingt.

5° Babi*l*, bari*l*, cheni*l*, cu*l* fusi*l*, genti*l*, grési*l*, gri*l*, nombri*l*, outi*l*, persi*l*, sourci*l*.

6° Da*m*ner, auto*m*ne, ba*p*tême, ce*p*, se*p*t, co*m*pte, cou*p*, lou*p*, dra*p*, galo*p*, prom*p*t, siro*p*, tro*p*, co*q*-d'inde, cin*q* francs, cin*q* mille.

N final sonne dans :

Abdome*n*, Ade*n*, ame*n*, Ede*n*, exame*n*, *et* hyme*n* qu'on ne prononce pas *hymin, etc.*

N est nul dans :

Mo*n*sieur, qu'on prononce *mossieu.*

XXVIIIe LEÇON.

S, t, x et *z* finals se prononcent dans les mots suivants :

1° Abia*s*, Acha*s*, Agésila*s*, Epaminonda*s*, Léonida*s*, Palla*s*, Périclè*s*, Drancè*s*, Xercè*s*, Aci*s*, Adoni*s*, Pâri*s*, Argo*s*, Lesbo*s*, Atho*s*, Bacchu*s*, Dariu*s*, Vénu*s*, Brutu*s*, hélas! a*s*, aloè*s*, aspergè*s*, florè*s*, les li*s*, atla*s*, grati*s*, en su*s*, jadi*s*, lapi*s*, maï*s*, méti*s*, lap*s*, Mar*s*, our*s*, Reim*s*, Ruben*s*, agnu*s*, angelu*s*, bibu*s*, blocu*s*, calu*s*, choru*s*, fœtu*s*, hiatu*s*, omnibu*s*, orému*s*, rébu*s*.

2° Abigéa*l*, exac*t*, exéa*t*, fa*t*, magnifica*t*, ma*t*, rap*t*, tac*t*, viva*t*, es*t* (orient), infec*t*, les*t*, ne*t*, Pesth, tace*t*, tes*t*, zes*t*, aconi*t*, défici*t*,

granit, subit, introït, obit, prétérit, prur
rit, zist-zest, strict, transit, zénith, As
roth, dot, distinct, bismuth, occiput, pré
put, synciput et rut. Ajax, Dax, Erix, Féli
Fox, Pollux, Anthrax, borax, index, pe
plex, larynx, lynx, sphynx, syrynx, ga

XXIXᵉ LEÇON.

La lettre *h* est aspirée et empêche la liais
de toute lettre qui la précède avec la voyelle q
la suit dans les seuls mots suivants :

Ha! hableur, hache, hagard, hai
haine, haïr, haire, haillon, hâle, hall
halage, hallebarde, hallebran, hallie
halo, halte, han, hamac, hameau, hamp
hanap, hanche, hangar, hanneton, hansièr
hanter (fréquenter), happer, haquené
haquet, harangue, haras, harasser, ha
celer, harde, hardi, hareng, hargneu
haricot, haridelle, harnais, harpaille
harpie, harpon, hart, hasard, hase, hâte
hauban, haut, hâve, havir, havre.
Hé! heaume, héler, hem! hennir, hèr
hérissé, hernie, héron, héros, herse, heu
ter, hibou, hic, hideux, hie, hiérarchie
hisser.
Hobereau, hoc, hochet, horde, hors
hotte, houblon, houe, houleux, houlette

ouppe, houppelande, houri, hourvari, houssé, houspillé, housse, houx, hoyau, huard, huche, huchet, huer, huguenot, huit, hulotte, huche, huppe, hure, hurler, hussard, hutte.

Dans tous les autres mots commençant par *h*, cette lettre est muette et n'empêche pas la liaison de la consonne précédente avec la voyelle suivante; exemples :

Les *hommes* aiment les *héritages, prononcez :* lè zomme zaime lè zéritage; *tandis que vous devez dire :* les haines, les héros, les hasards, *comme s'il y avait*, lè haine, lè héro, lè hasar.

EXERCICES

DE

LECTURE COURANTE.

Les Maximes de l'honnête homm
ou de la sagesse.

XXXᵉ LEÇON.

Craignez un Dieu vengeur et tout ce qu
    blesse ;
C'est là le premier pas qui mène à la sages
Ne plaisantez jamais ni de Dieu ni des Sain
Laissez ce vil plaisir aux jeunes libertins.
Que votre piété soit sincère et solide,
Et qu'à tous vos discours la vérité prési
Tenez votre parole inviolablement ;
Mais ne la donnez pas inconsidérément.
Soyez officieux, complaisant, doux, affab
Poli, d'humeur égale, et vous serez aimab
Du pauvre qui vous doit n'aggravez pas
    maux ;
Payez à l'ouvrier le prix de ses travaux.
Bon père, bon époux, bon maître sans f
    ble se ;
Honorez vos parents, surtout dans le
    vieillesse.

Du bien qu'on vous a fait soyez recon-
  naissant ;
Montrez-vous généreux, humain et bien-
  faisant.
Donnez de bonne grâce : une belle manière
Ajoute un nouveau prix au présent qu'on
  veut faire.
Rappelez rarement un service rendu ;
Le bienfait qu'on reproche, est un bienfait
  perdu.
Ne publiez jamais les grâces que vous faites ;
Il faut les mettre au rang des affaires secrètes.
Prêtez avec plaisir, mais avec jugement.
S'il faut récompenser, faites-le dignement.
Au bonheur des humains ne portez point
  envie.
Gardez de divulguer ce que l'on vous confie.
Sans être familier, ayez un air aisé.
Ne décidez de rien, sans l'avoir bien pesé.
À la religion soyez toujours fidèle,
On ne sera jamais honnête homme sans elle.
Détestez et l'impie et ses dogmes trompeurs ;
Ils séduisent l'esprit, ils corrompent les
  mœurs.
Rejetez loin de vous tout principe hérétique ;
Soyez bon, tolérant, mais ferme catholique.
Aimez le doux plaisir de faire des heureux ,
Et soulagez partout le pauvre malheureux.
Soyez homme d'honneur, et ne trompez
  personne ;

A tous ses ennemis un cœur noble pardon
Aimez à vous venger à force de bienfaits
Parlez peu, pensez bien, et gardez
    secrets.

XXXIe LEÇON.

Ne vous informez pas des affaires des autre
Sans air mystérieux dissimulez les vôtres.
N'ayez pas de fierté. Ne vous louez jamais :
Soyez humble et modeste au milieu des succès.
Surmontez les chagrins où l'esprit s'abandonn
Ne faites rejaillir vos peines sur personne.
Supportez les humeurs et les défauts d'autrui ;
Soyez des malheureux le plus solide appui.
Reprenez sans aigreur, louez sans flatterie ;
Ne méprisez personne, entendez raillerie.
Fuyez les libertins, les fats et les pédants.
Choisissez vos amis ; voyez d'honnêtes gens.
Jamais ne parlez mal des personnes absente
Badinez prudemment des personnes présentes.
Consultez volontiers. Évitez les procès.
Où la discorde règne, établissez la paix.
Avec les inconnus usez de défiance ;
Avec vos amis même ayez de la prudence.
Point de folles amours, ni de vin, ni de jeux ;
Ce sont là trois écueils en naufrages fameux.
Sobre pour le travail, le sommeil et la table,
Vous aurez l'esprit libre et la santé durable.
Jouez pour le plaisir et perdez noblement.

Sans prodigalité dépensez prudemment.
Ne perdez pas le temps à des choses frivoles ;
Le sage est ménager du temps et des paroles.
Sachez à vos devoirs immoler vos plaisirs ;
Et pour vous rendre heureux, modérez vos
* désirs.*
Ne demandez à Dieu ni grandeurs ni richesses ;
Mais pour vous gouverner demandez la sagesse.

XXXIIe LEÇON.

Devoirs et qualités du bon écolier.

Le bon élève doit aimer son maître, comme les sciences qu'il apprend, et le regarder comme un père, dont il tient non la vie du corps, mais l'instruction et l'éducation, qui sont la vie de l'âme.

Les bons élèves doivent être dociles, c'est-à-dire se laisser conduire, bien recevoir les avis de leurs supérieurs, et s'y conformer.

Ils doivent amour et reconnaissance à tous ceux qui s'occupent de leur éducation. La reconnaissance est naturelle aux cœurs bien nés, et elle est la preuve d'un esprit bien fait.

« Je veux, dit Quintilien, un enfant s'ensible aux éloges, sensible à la gloire, et à qui une défaite fasse verser des larmes. Une noble émulation le tiendra toujours en ha-

leine. Un mot lui suffit, un reproche pé[n]
trera jusqu'au vif; l'honneur sera pour [lui]
un puissant aiguillon; il ne connaîtra p[as]
la paresse. »

Ajoutons que l'écolier qui joindrait à [ces]
qualités la crainte de Dieu et la piété, [l']a-
mour pour ses parents et la douceur en[vers]
tout le monde, ne pourrait manquer d'[être]
un modèle que chacun se plairait à cite[r à]
ses enfants.

Devoirs journaliers.

Aimer et respecter son père, sa mère [et]
ses supérieurs, et leur obéir avec plaisi[r]
sans murmurer. Se lever à l'heure marqu[ée,]
s'habiller modestement, approprier ses [vê]-
tements, se laver les mains et le visa[ge,]
embrasser ses parents et faire sa prière. É[tu]-
dier ses leçons avec feu et attention. Se r[en]-
dre tout droit en classe, muni de tous [ses]
livres, cahiers, etc., sans s'arrêter, ni s[ta]-
tionner pendant le trajet, sans contra[rier]
personne et en saluant les connaissance[s et]
les gens âgés. Apaiser les querelles, réc[on]-
cilier les adversaires, pardonner ou excu[ser]
les torts d'autrui envers nous. Entrer m[o]-
destement en classe, y rester la tête déc[ou]-
verte, prêter une curieuse et continu[elle]
attention à tout ce que dit et enseigne [le]

maître; n'y être par conséquent ni distrait ni dissipé; subir toute punition sans murmurer. Si le maître se trompe, il faut attendre après la sortie de la classe pour lui soumettre avec respect et politesse les observations convenables, sans dénoncer le coupable; dans la nécessité, il faudrait le faire avec tous les ménagements possibles. Une punition est un remède que le maître n'applique jamais qu'à regret, que pour l'amendement des élèves; c'est un rappel au devoir. Ne jamais se réjouir du mal qui arrive à un condisciple, et donner à tous l'exemple de la douceur, de la politesse et les égards. N'être point jaloux du bien qui leur arrive, et s'efforcer de les surpasser tous en savoir et en vertu.

Il n'y a rien de plus révoltant que de se prévaloir de ce qu'on est plus riche, ou mieux fait que les autres : aussi ne devons-nous jamais dédaigner, ni mépriser des élèves pauvres, et cela d'autant moins que ces derniers sont souvent plus studieux, plus soumis, et que N. S. s'est proclamé l'ami des pauvres. La fierté vient de l'orgueil, le premier péché capital, et rend fort ridicule celui qui en est entaché. Ne vous moquez point d'eux, car ce serait une cruauté et la marque d'un mauvais cœur. Ne vous riez point des autres, soit pour leur mise, soit

pour les défauts corporels qu'ils peuv
avoir; s'ils sont rouges, boiteux, bossus, b
gnes, il n'a pas dépendu d'eux d'être aut
ment. Mais ce qui dépend de chacun de no
c'est d'avoir un bon cœur, d'être indulge
affable, obligeant. Le mauvais cœur, la
reté, la grossièreté et la méchanceté sont
faiblesses. La force est toujours bonne
compatissante.

Après la classe, retournez vite chez
parents sans vous distraire ni faire du br
dans les rues. Après avoir pris, au log
quelque récréation, travaillez au devoir
vous aura donné à faire votre maître; p
apprenez vos leçons de manière à bien
savoir. Vous avez commencé la journée
Dieu, terminez-la en invoquant ce bon pè
dans une prière faite avec amour et une v
reconnaissance pour celui à qui vous é
redevable et de l'existence et de tous
biens qui vous arrivent. N'oubliez pas d'e
brasser votre père et votre mère avant d'
ler vous reposer. Arrivé à votre lit, dés
billez-vous modestement, couchez-vous,
élevant votre cœur à Dieu, en vous reco
mandant à lui, et repassez en esprit, av
de vous endormir, les matières qui vous
été enseignées dans la journée. Enfin, n'
bliez jamais les deux préceptes qui sont
base de la morale et du bonheur, et q

Dieu même a mis dans la conscience de tout homme :

1° *Ne faites pas à autrui ce que vous ne vou-*
driez pas qui vous fût fait à vous-mêmes;

2° *Faites aux autres ce que vous voudriez*
qu'ils vous fissent.

PRINCIPES POUR LA LECTURE DU LATIN.

PREMIÈRE LEÇON.

Nommez les lettres, et prononcez les syllabes
comme en français.

EXCEPTIONS.

E, è, ê, e, œ, œ se prononcent *é*; exemples :

1° *Incipe, parve, cognoscere, lœtè, latè, benè,*
docere, constituêre, OEdipus, OEbaliæ, mœror,
Musæ.

Ai, ei, oi, et *ou* se prononcent : *a-i, e-i, o-i,*
et *o-u;* exemples :

2° *Caï, Deï, Eoï, Achelous, Aulai, Pompei,*
Maria, Orphei, Pirithous.

Au, eu, an, am, in, im et *on*, dont le son est
généralement le même en latin qu'en français,
se prononcent à la fin des mots *a-u, e-u, a-n,*
a-m, i-n, i-m et *o-n; mn* se prononcent toujours
m-n; exemples :

3° *Pauli, Europæ, ancillam, antiquo, ambo,*

amplus, intima, implere, longe, respondeo, P
peio, Imaus, Emmaus, Orpheus, reus, P
Ænean, Musam, rosam, legam, Pelion, or
hymnus, Agamemno, Rhamnes, Eliam, A
plexus, implexus, imbutus.

Un et *um*, dont le son est celui de *on* franç
se prononcent *u-n*, et *o-m*, à la fin des m
en et *em*, qui sonnent comme *in* français, va
è-n et *èm* à la fin des mots; exemples :

4.º *Conjunctus, triumphus, num, tun, De*
filium, dominum nostrum, venter, novem
exemplum, nomen, Penelopen, imbrem, patr
lintrem, intrem, septembrem.

Un se prononce comme **en** français dans

Cunctus, nunc *et* tunc.

IIᵉ LEÇON.

Tia, tie, tii, tio, tiu, se prononcent *sia,*
sii, sio, siu; exemples :

5º *Imperitia, pueritiæ, exitii, actio, Mart*
partitio, portio, exitium, infantiam, tertius, p
tium, segnitie.

St et *xt* se prononcent toujours *s-t* et *x*
exemples :

Gestii, gestio, quæstionem, æstuare, pestil
tiæ, injustitiarum, inustio, combustio, mixtio

Ch se prononce toujours *k*; exemples :

6° *Jesus-Christus, charitas, chirurgus, chorus, Eucharis, chlamidem, Cheronœa, Chalcis, Melchisedech.*

Gn sonne toujours *g-n*; exemples :

7° *Magnus, ignis, regno, magnanimitas, ignifer, signum, digna, indignatio, indigné, gnatus, gnavus.*

Faites sentir deux fois toute consonne redoublée, sans jamais mouiller *il*; exemples :

8° *Illustris, Illidere, allidere, corripere, agger, appello, Apollinem, irridere, acclamatio, terrarum, immissus;* prononcez, *il-lustris, il-lidere, il-lidere,* etc.

Gu se prononce *g, gou* ou *gü; qu* se prononce *x* devant *o*, cu devant *i* et *e*, et cou devant les autres voyelles; exemples :

9° *Longus, lingua, linguœ, bilinguis, liquor, loquar, loqueris, loquitur, quo, quoniam, qui, queror, quâ, liquidus, liquet, aqua, quatuor, quartus.*

Toute lettre finale se prononce en latin; exemples :

10° *Deo, Deum, Irin, Ænœan, Pelops, Parin, Parim, caput, capitis, amor, amatus, amasur, ad, ob, hic, hæc, hoc, principes, turtur, videatur, œtas, as, asses, os, ossium.*

QUESTIONNAIRE

SUR

TOUTES LES LEÇONS

1re LEÇON.

Qu'est ce qu'une voyelle? — Quel
sont les voyelles simples?—Montrez
le tableau les voyelles droites, les voy
les rondes. — Indiquez celles qui s
sœurs par la ressemblance, celles qu
sont par le nom.—Qu'appelle-t-on cc
sonnes? — Quelles sont les conson
simples?—Quest-ce qu'une syllabe?

Ecriture.—Faire tracer des pleins
barres en ayant soin d'expliquer les
gles de la pente, de la distance et de
hauteur.

2e LEÇON.

Comment se prononcent les lettre
et G à la fin des mots, devant les voyel
A, O, U, et devant une consonne

Qu'est-ce que la cédille (ç) A quoi sert-
-elle?—La lettre U, suivie d'une autre
voyelle, se prononce-t-elle après les consonnes G et Q?—La lettre H se prononce-
t-elle devant et après une voyelle?

ECRITURE.—Faites faire l'alphabet com-
plet, en ayant soin toujours d'expliquer
les règles de l'écriture.

3ᵉ LEÇON.

Dans quel cas E se prononce-t-il È?
Répétez les questions des leçons pré-
cédentes.

ECRITURE.—Dictez les exercices de la
3ᵉ leçon et faites les copier.

4ᵉ LEÇON.

Devant quelles voyelles G se prononce-t-il comme *je*?—Comment se prononcent C et SC devant tous les E et les deux
I, Y?—Quelle est la prononciation rude
de C et de G?—Quelle en est la prononciation douce?—Comment adoucit-on la

prononciation de C et de G devant O, U ?

Ecriture.—Dictez et faites copier les exercices de la 4ᵉ leçon.

5ᵉ LEÇON.

Comment se prononce la réunion des consonnes PH, CH, SH, SCH, placée devant une voyelle ?

Comment se prononce GN ?

Ecriture.—Dictez et faites copier les exercices de la 5ᵉ leçon.

6ᵉ LEÇON.

Qu'appelle-t-on voyelles composées ? Dans les voyelles composées, si la ronde est avant la droite, qu'arrive-t-il ?—Si la droite est avant la ronde, comment se prononcent-elles ?— Qu'appelle-t-on diphthongue ?

Ecriture. — Faire copier les exercices de la 6ᵉ leçon et les dicter.

7ᵉ LEÇON.

Comment se prononcent OI, OY, AI

AU, etc.?—Qu'est-ce que le tréma (¨)?—
Quelle est la fonction du tréma?

ECRITURE.—Faites copier et dictez la
7e leçon.

8e LEÇON.

Qu'appelle-t-on consonnes inséparables?—Prononce-t-on la lettre H entre
C et une consonne comme dans *Christ?*

ECRITURE.—Faites écrire et dictez les
exercices de la 8e leçon.

9e LEÇON.

Qu'appelle-t-on L mouillée?
Répétez les questions des leçons pré-
cédentes (1).

10e LEÇON.

Qu'appelle-t-on voyelles nasales?—
Quelles sont-elles?

11e LEÇON.

Comment se prononce E devant deux
MM, deux NN et devant MN?

(1) Faites toujours copier et dictez tout ce qui a
été étudié de chaque leçon.

Faites écrire les caractères appelé chiffres.

12ᵉ LEÇON.

Dans la syllabation, à quelle voyell appartient, dans l'intérieur d'un mot une consonne placée entre deux voyel les ?—Syllabez les mots : *député, dévore remède.*

Lorsque deux consonnes différente sont placées l'une à côté de l'autre entr deux voyelles, comment les syllabe-t on ?—Syllabez les mots : *éternel, mortel astronome, flambeau, insensé.*

13ᵉ LEÇON.

Comment se prononcent les conson nes doublées, telles que **BB, CC, DD FF, PP.** etc.?

14ᵉ LEÇON.

Comment se prononce **E** devant **X** et devant deux consonnes dans l'intérieur d'un mot ?

15ᵉ LEÇON.

ER à la fin des mots se prononce-t-il toujours de même. Citez des mots où il se prononce É et des mots où il se prononce ÈR.

16ᵉ LEÇON.

Comment se prononcent les terminaisons IER, YER, ILLER, GER et CHER?

Comment se prononce EZ final?

17ᵉ, 18ᵉ, 19ᵉ, 28ᵉ, 21ᵉ, et 22ᵉ LEÇONS.

Comment se prononcent ENT, finale d'un mot devant lequel on peut mettre *ils*?

Comment se prononce TIENT et VIENT finals?—IENT ne se prononce-t-il pas quelquefois IANT? Citez-en des exemples.

Dans quels cas T vaut-il S?

Comment se prononce X au commencement d'un mot et entre deux voyelles dont la première est E?

4*

Combien la lettre S a-t-elle de pr[ononciations?] nonciations? Dans quels cas se pronon[ce]-t-elle comme Z.

Prononce-t-on la dernière lettre [de] deux consonnes finales ?

23e, 24e, 25e, 26e, 27e, 28e et 29e LEÇON

Qu'appelle-t-on liaisons? Dans qu[els] cas l'E final s'élide-t-il dans la lecture[?]

Comment se prononcent S et X à [la] fin des mots devant une voyelle?

Comment se lie le D à la fin d'un mo[t] avec la voyelle qui suit?

Comment se prononce G final devar[t] une voyelle?

N'y a-t-il pas certains mots où la lettr[e] A est nulle?

Dans quels mots la lettre U se pro[nonce]-t-elle devant G et Q?

La lettre U après Q ne se prononce-t[-]elle pas quelquefois OU? Citez des exem[-]ples.

Dans quels mots **CH** se prononce-t-il comme **K** ?

Dans quels mots **GN** se prononce-t-il séparément *g-n* ?

Quelles sont les consonnes finales qui sonnent à la fin d'un mot, quand elles sont précédées d'une voyelle?—N'y a-t-il pas quelques mots où elles ne sonnent pas?

Qu'appelle-t-on H aspirée? L'H aspirée l'empêche-t-elle pas la liaison de la lettre qui la précède avec celle qui la suit?—Donnez des exemples.

30e LEÇON.

Faites remarquer et observer, dans la lecture courante, les repos et les signes qui les indiquent. Rappelez les règles les liaisons.

PRINCIPES POUR LA LECTURE DU LATIN.

1re et 2e LEÇONS.

Comment se prononcent E, È, Ê, OE en latin ?

Comment se prononcent **AI**, **EI**, **OI** **OU** ?

Dans quel cas **AU**, **EU**, **AN**, **AM**, **IM** **IN**, et **OU** se prononcent-ils comme en français ?

Dans quel cas se prononcent-ils *a-n e-u i-m i-n* etc.

Comment se prononcent **UN** et **UM** à la fin des mots ? **EN** et **EM** ?

Comment se prononce le **T** dans *Imperitia*, *pueritia*, *actio*, *martius*, etc ?

Comment se prononcent **CH** et **GN** ?

Doit-on faire sentir les lettres doublées ?

La lettre **L** se mouille-t-elle en latin ?

Faites connaître les diverses prononciations de **GU** et de **CU**.

Toute lettre finale se prononce-t-elle en latin ?

Clermont, typ. Perol.

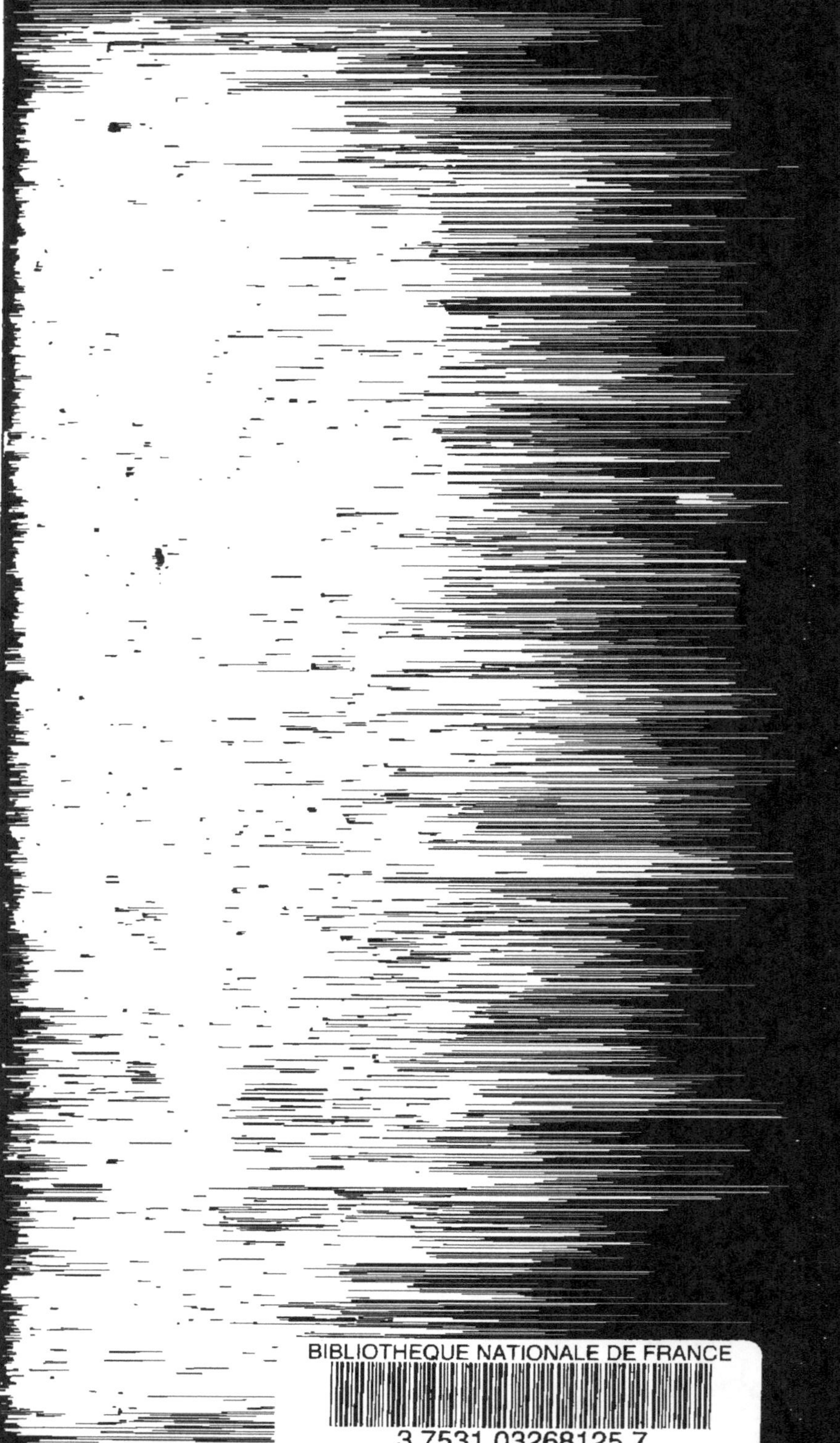
BIBLIOTHEQUE NATIONALE DE FRANCE
3 7531 03268125 7